I0157240

Mi amigo inseparable

E. Ismail Fernández Labouiry

Mi amigo inseparable

ALHULIA

© Alhulia, s.l.
Plaza de Rafael Alberti, 1
Teléfono [958] 82 83 01
18680 Salobreña [Granada]

eMail: alhulia@alhulia.com
www.alhulia.com

ISBN: 978-84-120098-4-2
Depósito legal: Gr. 255-2019

Diseño y maquetación: Alhulia, s.l.
Imprime: Quares

Índice

Capítulo 1. Este soy yo… 11

Capítulo 2. ¡Bendita ignorancia! 15

Capítulo 3. Amigos 21

Capítulo 4. La RAE se equivoca 27

Capítulo 5. Física y química 35

Capítulo 6. ¿Por qué lo llaman «amor»? 41

Capítulo 7. Otros mundos 45

Capítulo 8. E.S.O. 55

Capítulo 9. ¡Ayuda! 59

Capítulo 10. Fairuz 65

Capítulo 11. Universidad y otras locuras 73

Capítulo 12. Así sería… 77

Capítulo 13. … y así lo he contado 83

A mi padre, por estar viviendo su sueño a través de mí y porque pueda ser así muchas más veces.

Y como él dice: aunque nos hiele, bendita la sombra que nos cobija.

CAPÍTULO UNO
Este soy yo...

«Habrá que levantarse... qué remedio», la frase que me repito cada mañana cual depresivo haciendo caso a un libro barato de autoayuda. Y es que sigo sin entender de dónde saco las ganas de seguir luchando cada día. ¿Es necesario tanto sufrimiento?

Con una discapacidad física del noventa y dos por ciento, tanta discriminación que he tenido que soportar, tantas miradas de todo tipo, tantas discusiones, tantas situaciones de impotencia —tantísimas—, en las que no he podido decidir ni cuándo rascarme la espalda cuando algo me molesta... —suena exagerado, ¿verdad? —. No poder siquiera saciar mis necesidades más básicas como ser humano. De los caprichos, mejor ni hablemos.

Así de puñetera es la parálisis cerebral, ora estás relajado y piensas que puedes comerte el mundo ora le apetece a tu cerebro provocarte mil movimientos involuntarios y espasmos musculares a la vez y te sientes como el jorobado de Notredame en una cena de gala repleta de gente estirada y en plena forma física, todos ellos mirándote. —No te esfuerces, no lo puedes entender si no lo sufres, pero prefiero que te ciñas a mis palabras, pues no le deseo mi mal a nadie

Todo comenzó durante mi nacimiento, allá por el 97, cuando a un pésimo matrona —qué odio le tengo al pobre—, se le ocurrió practicarle un parto con fórceps (como se escriba) a una mujer que traía en su vientre a un bebé con dos vueltas de cordón umbilical en el cuello. ¿Tanto costaba practicar una cesárea? ¿De verdad? En fin, ahí comienza la aventura de la mano de mi amigo inseparable: lo que llamaron «parálisis cerebral».

—Ja, ja…, me hace gracia hablar de esto como el que le cuenta una historia para dormir a su sobrino.

El caso es que mis padres no supieron lo que me pasaba hasta los nueve meses, sospecharon que algo me ocurría porque notaban que tenía espasmos muy seguidos y me costaba respirar, pero los médicos apenas hicieron caso a sus preocupaciones hasta que no se pudo ignorar. No soy quién para echarle la culpa a nadie de mi amigo —no me gusta llamarlo enfermedad—, ciertamente no sé lo que pasó. Es más, no creo que nadie tenga la culpa, creo que todo pasa por algo aunque no seamos capaces de entenderlo.

Como decía, era un bebé peculiar, se me notaba y no cualquier niñera se atrevía a quedarse conmigo. Menos mal que pronto tuve a la mejor, mi madre. La privé de trabajar, de llevar una vida… «normal» —no me gusta mucho esa palabra—, pero ella nunca me lo transmitió. Simplemente, se limitó a intentar normalizar la situación y a enseñarme a vivir con mi amigo —suena fácil, pero le costó su sufrimiento a la pobre y le sigue costando—. Ella dio por hecho la verdad, que era una persona con ciertas necesidades especiales y que tenía que vivir mi vida como todo el mundo, punto. Es la mujer más humana e inclusiva que he conocido.

Mi amigo provoca en mí movimientos tan involuntarios como inesperados, lo que hace que no pueda moverme como querría —el muy puñetero, aparece cuando menos lo necesito— y todo esto también dificulta mi relación con los demás, muchas veces la gente cree que estoy nervioso por algo e intentan calmarme, entonces mi amigo se viene arriba y no para. Poco a poco, lo fui conociendo mejor y aprendí a controlarlo, aunque no del todo.

Empecé a caminar, agarrado de otros objetos, a los tres años. Nunca de manera independiente al cien por cien, porque perdía el equilibrio cada vez que mi amigo me hacía una de las suyas. Pero el ir de una punta del salón a la otra… ¡me hacía más ilusión que una chuchería! —que ya es un decir, porque siempre he sido un glotón—. Con el crecimiento, perdí mucho equilibrio y a eso de los diez-once años, dejé de caminar más que del brazo y para trayectos cortos como ir al baño.

Aún recuerdo mi primera silla de ruedas, era manual. Estaba en primaria y en cuanto mis compañeros de clase la vieron, triunfé. Tenía los taparradios de colores y cuando iba rápido, las ruedas cambiaban de color. Es fácil imaginarse cómo reaccionaron mis compañeros cuando descubrieron el efecto —estuvimos semanas dándole vueltas al patio del recreo, hasta casi romper la silla—, disfrutábamos como críos, lo que éramos.

Durante esos recreos, mi amigo parecía no existir...
¡qué bonita sensación!

Sigo teniendo espasmos y movimientos involuntarios, de hecho, creo que incluso más —ya sabéis, AMIGOS PARA SIEMPRE, ja, ja...

Sé que esta es la parte más dura y aburrida de la historia y no me gustaría apenar a nadie —odio causar pena por algo que no la merece—, pero es esencial para entender el resto...

«Un soñador iluso, un niño un tanto grande ya,
soy el amante del placer pero el amigo del sufrir,
un hablador que no habla pero tampoco callará,
tengo esa mano derecha, que sola quiere dirigir,
y esas piernas de atleta que no me dejan partir,
¡ay, amigo! Vete para no volver...
Cierro los ojos y me imagino, me imagino en activo,
con mis manos haciendo feliz a un ser querido,
ríe y ríe mi cara feliz, riendo contigo me siento sin ti,
verso de buenos amigos, aunque mi amigo lo quiera
    impedir,
¡ay, amigo! ¿Será tu manera de hablar?
Será que abrazo la vida sin brazos y la vida me quiere
    besar,
que suelto palabras de aire, sin sentido, hablar por
    hablar,
y que la vida me devuelve en temblor, besos que me
    quiere dar.»

CAPÍTULO 2

¡Bendita ignorancia!

Nunca entenderé el empeño que puede tener una persona en obstaculizar el camino de otra. ¿Qué necesidad hay? ¿Será el aburrimiento? Llamadme vago —que lo soy—, pero yo mientras esté a gusto y nadie se meta conmigo, no me considero quién para meterme en la vida de nadie.

Cuando mis padres fueron a matricularme en un centro de educación infantil, la maestra que me tocó, se negó a darme clase con mi amigo. Alegó que una «persona como yo» no tenía que estudiar en un centro ordinario sino en APROSMO[1]. Creo que nunca llegó a entender que el derecho a decidir dónde y cómo estudiar, era en ese momento de mis padres y no suyo. No tengo nada en contra de APROSMO —que quede claro—, de hecho, hacen una labor muy bonita enseñando a personas con deficiencia intelectual a vivir y ganarse la vida de manera acorde a sus posibilidades físicas y cognitivas. Pero, ¿qué le importaba a esa maestra dónde estudiara yo?

---

[1] APROSMO: Asosiación en favor de las personas con discapacidad intelectual.

Después de muchas discusiones, denuncias y —creo— que algún juicio, mis padres consiguieron que pudiera estudiar en ese centro. Fue un proceso largo y duro —como todos los de mi vida—, y menos mal que he heredado el coraje y la terquedad de mis padres, no puedo permitirme ser débil y derrotista —yo no precisamente—. Por mi parte, lo pasé genial en esa época. Jugaba con mi amigo presente y los demás niños me trataban con mucho cariño y simpatía, ni se percataban de mi dificultad para andar. Me ayudaban de manera casi automática cuando había que ir de un sitio a otro de la clase o cuando había que hacer una manualidad. Sencillamente, lo ignoraban. Y yo en cierto modo, también.

No entendía aún lo que era mi amigo, ni por qué mis padres tenían tantas reuniones con la dirección del centro. Tampoco tenía edad de entenderlo, así que mis padres se preocuparon porque fuera feliz, siendo conscientes de que algún día lo entendería y les agradecería haberme mantenido al margen. Era lo que tocaba, ser feliz. Ya vendría el tiempo de sufrir y tener que comprender lo incomprensible. Ya vendría gente que me marginara, que no entendiera mis necesidades, que por vagancia se negaran a ayudarme, que vieran a mi amigo antes que a mí. Ya vendrían los apoyos, la gente que apostara por mí, la gente que ignorara a mi amigo por mucho que salte a la vista, alguna maestra que con sus tacones, su falda ceñida y sus uñas pintadas me cogiera de la mano y me llevara al patio a jugar a *quema*[2] con mis amigos. Ya vendría la amistad de verdad y los amigos que se pelearan por quién me iba a dar de comer en mi cumpleaños —sí, acababa comiendo a cuatro manos, ja, ja—. Ya vendrían los amores y desamores. En fin, ya vendría la vida, hasta entonces sería un niño —¡cuánto echo de menos ser ese ignorante e inocente párvulo! Ese bailarín que hace del peligro un juego, como diría Nietzsche.

Recuerdo que incluso me llegué a declarar a una niña —siempre he sido un adelantado, ella no lo sabía pero era mi novia—, no me importó mi amigo. Cuando lo pienso me siento ridículo, aún no conocía los prejuicios que nos inculca todavía la sociedad, simplemente expresé lo que creía sentir. ¡Qué iluso! Si tuviera que hacerlo ahora…

Fue una etapa agridulce de mi vida, aunque solo percibí lo dulce. Cuando la recuerdo, a veces, la echo de menos, pero de lo que estoy seguro es de que nunca volvería a ella si pudiera. Los sueños pueden ser muy bonitos y atractivos, pero son sueños y hay que despertar tarde o temprano. Era menester que me despegara de las faldas de mi madre y que empezara a saber, poco a poco, lo que era la vida y cómo vivirla de la mano de mi amigo.

No es que mi paso a primaria supusiera que mis padres me desprotegieran de la noche a la mañana, ni

---

2   Juego que consiste en formar dos equipos y eliminar al mayor número posible de contrincantes dándole con un balón.

mucho menos, pero era el momento de empezar a demostrar por mí mismo que valía y que por muchos impedimentos que me encontrara en el camino, ninguno iba a poder conmigo. No soy de hierro —para nada—, pero hay que creérselo. Ciertamente, la gente te ve como quieres que te vean —ha quedado muy a frase sacada de Internet, pero os prometo que me ha salido solo—, y puedes querer que te vean como te da la gana. Por mi parte, he perdido mucho tiempo intentando que la gente me vea como a alguien «normal», cosa que ni soy ni quiero ser. De momento, me remito a intentar ignorar el cómo me quiere ver la gente, simplemente soy yo. No más filosofía por hoy, lo prometo.

Tampoco es que en primaria fuera consciente al cien por cien de lo que me pasaba, pero me iba dando cuenta de las cosas.

Trato de sacar lo mejor de cada etapa de mi vida, por eso creo que todo ocurre con algún sentido y que nadie tiene la culpa de mi sufrimiento. De todo se aprende y de no haber sufrido cada cosa en su momento, no sería quien soy.

En general mi etapa en primaria, tanto a nivel académico como personal y social, la recuerdo llena de cariño y cercanía. Hice muy buenos amigos —más niñas que niños, no sé por qué—, conocí a gente muy humana y que me trató con un amor y un afecto muy entrañables y que verdaderamente se volcó en hacerme sentir no uno más, sino uno más feliz.

«Inocente, que ves risa en el llanto y no sabes tener
cuidado,

sueñas que vuelas alto y caminas con los ojos ven-
dados,

mientras juegas te duermes, no piensas si vas a caer o
te van a hacer daño,

a ti, que tu amigo te embruja, te altera, te traba la
lengua siendo tú su dueño,

ignorante, te creyeron tonto y pudiste con una sonrisa vencerlos,

lástima de aquel, que piense poder minar tu moral,
despertar tus celos...

Indomable espíritu, el de aquel niño que tenía un
amigo y no quiso verlo.»

CAPÍTULO 3
Amigos

Tengo la suerte de poder decir que no he tenido muchos amigos, pero he tenido amigos de verdad. De los que hay pocos y con los que no hace falta estar en contacto para saber que puedes contar con ellos.

A Lucía, por ejemplo, la conocí en el colegio, con cinco años. Fue lo que yo llamo un «flechazo amistoso», de esas amistades que simplemente surgen. Lucía es una persona íntegra y segura de sí misma, muy cariñosa, capaz de hacer cualquier cosa con tal de verte reír. Ella nunca se fijaba en mi amigo —o disimulaba muy bien—, era como si no existiera delante suyo.

Coincidí con Lucía en la misma clase desde primaria hasta bachillerato y siempre he sentido que ha sido un apoyo en el que he encontrado ayuda siempre que lo he necesitado. Aún hoy, que ella estudia en otra ciudad y hemos perdido un poco el contacto, estoy seguro de que si le pidiera ayuda en algo, haría todo lo posible por ayudarme y de mil amores. Solo los que tenemos ese tipo de amigos sabemos de lo que hablo. Que no habremos salido mucho de fiesta ni viajado juntos, pero tenemos una amistad muy fuerte y bonita —la suficiente como para poder llamarla «enana» cada vez que la veo por la calle—. Ella es de esa gente a la que miras de reojo cuando estás nervioso por algo, solo para asegurarte de que está ahí.

De pequeño tendía a confundir los sentimientos y a ver cosas donde no las había. Así, me era muy fácil ver enamoramiento donde solo había cariño —las mujeres siempre han hecho conmigo lo que han querido.

Alejandro es otro de mis «amigos a distancia», hablo con él muy poco y apenas nos vemos, pero cuando pasa, parecemos hermanos y tenemos mucha complicidad. Con Alejandro, puedo hablar de todo y cualquier cosa puede dar pie a una interminable conversación: qué tiempo hace, cómo nos ha ido el día, de qué color son los calzoncillos que llevamos puestos —sí, lo has leído bien, ja, ja, ja—. Alejandro nunca le ha dado importancia a mi amigo, es de esa gente que se fija directamente en el interior y no en el envoltorio. Y su gran virtud es el humor, hablando con él de cada tres palabras, dos son en broma. Alejandro estaba en mi clase en la ESO y cuando la monitora no podía, me ayudaba a recoger y cambiar el material de cada clase o me ayudaba a usar el ascensor. Esos momentos eran cortos, incluso puede parecer una tontería, pero lo pasábamos en grande riéndonos de cualquier cosa: el comentario tan tonto que ha hecho el profesor, la profesora de guardia que nos miraba desconcertada por pasar tres veces por el mismo sitio, la típica chillona de clase con voz de pito... Es muy humano —he repetido mucho esta expresión, pero es la característica que más aprecio en una persona— y transparente, no tiene dos caras. Si algún día lee esto y para que no se lo crea demasiado, diré que también es cabezón y terco como una mula y que lo tengo que llevar a tomar café a rastras. Alejandro es muy mal estudiante universitario, nunca falta a clase, ja, ja.

No recuerdo cuándo conocí a Sergio, seguro que algún verano. Su abuela era mi vecina —casi como de la familia— y él, pasaba los veranos en su casa. Ya hemos perdido mucho el contacto. Sergio es un chico muy cariñoso, cercano y con él, era como si mi amigo no existiera. Capaz de hacer que me olvidara de que mi amigo existía, de hacerme sentir libre… uno más —poca gente ha podido hacerlo—. Íbamos todos los días a la playa y, mientras los otros niños jugaban a las palas, a la pelota o a algún juego en el que yo no podía participar, Sergio se quedaba a mi lado haciendo castillos de arena o buceando en la orilla del mar. —¡Qué tiempos!—. Y mira que no le faltaban las oportunidades ni la gente para irse a jugar a otra cosa. Y por las noches, nos sentábamos en la puerta de mi casa a charlar durante horas y horas de esto y aquello, él con su pijama de verano y yo con mis pantalones cortos y sin camiseta, hasta que alguno de nuestros padres nos llamaba la atención por lo tarde que era. Sergio siempre ha sido muy tímido y reservado, nunca fue capaz siquiera de pedirme el código de la red Wi-Fi de casa —prefería madrugar para ir a la biblioteca municipal a conectarse, ¡madrugar!— y nunca discutíamos por nada ni se irritaba cada vez que le llevaba la contraria y acababa dándome la razón por mi cabezonería, simplemente evitaba esas situaciones. Recuerdo que una vez, decidimos hacer un canal de vídeos graciosos en Internet y el primer vídeo lo grabamos en mi salón con la cámara casera de su padre. A los dos nos hizo mucha ilusión, pero a mi madre no tanta, así que en cuanto se enteró, me regañó y me dijo que borrara el vídeo. Lo borré sin decirle nada a Sergio, pero nunca me pidió explicaciones ni me volvió a hablar del canal, se limitó a comportarse como si nada hubiera pasado. Era un verdadero amigo de verano. Aún, cuando veo películas sobre niños que pasan los veranos fuera y hacen amigos de verano con los que comparten confidencias y pasan todo el día, me identifico mucho con ellos, me acuerdo de Sergio y me siento muy afortunado de haberle tenido como amigo. Durante años, deseé vivir en el verano. Pero creo que ahí estaba el encanto, en no vernos tan seguido pero sí tan intenso.

Sara también es una «amiga a distancia», la conocí en la facultad y no recuerdo con exactitud cómo nos hicimos amigos, simplemente surgió. No la veo mucho, pero tengo mucha complicidad con ella y le cuento todo. Me desahogo mucho con Sara y me siento muy a gusto, me inspira mucha confianza —señal de que será una gran psicóloga clínica—. Es una humana de verdad —o un *minion* camuflado, je, je— y conocerla vale verdaderamente la pena. Ojalá hubiera más gente así.

Soy una persona a la que le cuesta expresar sus sentimientos. Además, no soy uno de esos amigos con los que salir de fiesta todos los sábados, ir de acampada o jugar al fútbol y eso un niño no lo entiende. Soy más bien, un amigo del que preocuparse por darle de comer y de estar atento de si lo vas a llevar a un sitio y no va a poder acceder, soy un amigo al que hay que llevar a los sitios. Por eso, creo que ser mi amigo, o simplemente querer serlo, tiene un mérito increíble y para mí, demuestra una integridad y una humanidad propias de muy poca gente en el mundo. Y es que, seguir conociendo a gente así, o simplemente recordar que la he conocido, me devuelve la fe en seguir luchando.

CAPÍTULO 4

La RAE se equivoca

El concepto de familia es difícil de explicar, ¿es esa gente que te apoya en todo momento? ¿O es esa gente que llena de risas tus días? ¿Es acaso la mujer que te da la vida y el hombre que te enseña a vivirla? ¿O será esa persona a la que te enseñan a llamar «hermana» y con la que te puedes comunicar con solo una mirada...? Supongo que es esa gente que te lo da todo sin pedir nada a cambio, esa que se siente satisfecha con tal de verte sonreír, esa que mataría a quien te hiciera daño, esa que no se resigna a que tu amigo pueda contigo y a la que nunca quieres mostrar tu tristeza en esos momentos en que pierdes la fe en encontrarle sentido a tener ese amigo.

«Papi», no es como llamo a mi progenitor ni a la persona que me dio su apellido. Es mi amigo, mi confidente, mi protector. Es el que se desvela por tener que taparme, las noches que a mi amigo no le apetece dormir. Es esa persona a la que no me atrevo a decir «te quiero» pero tampoco lo contrario —que no lo lea delante mío, ¡qué vergüenza!—. Mi padre es especial, con él tengo una relación de amor-odio difícil de entender para mucha gente, pero lo más natural y comprensible para nosotros. Así, nos podemos estar matando el uno al otro, tal que parece que nos odiamos, pero si alguien se atreve a decirnos algo a alguno, al que matamos es a él —ya he dicho que es difícil de entender, ja, ja—. Creo que mi padre no asimila que crezca y madure, todavía no sé por qué me sigue diciendo eso de: «¡Qué ganas tengo de que te hagas mayor, pero de mente!», y me repatea que hable por mí en todos lados como si fuera un niño chico, pero cuando mi amigo aparece me viene bastante bien —verás cuando lea esto—. Recuerdo que un día me acompañó al médico porque llevaba días sufriendo mareos muy fuertes y no sabía por qué. Acabó explicándole él al médico cómo me sentía —qué situación más graciosa ahora que la recuerdo, pero estuve un día entero sin hablarle, ja, ja—. Mi padre ha intentado darme siempre los caprichos que le pedía, que no eran fáciles ni baratos precisamente. Cuando tenía nueve años, abrimos un bazar en Lanjarón —al que por cierto, llamaron «Bazar Casablanca-Ismail»— y cuando mi padre iba a los polígonos industriales a comprar cosas para la tienda, a mí me encantaba acompañarle. Y aprovechaba para coger algún juguete para mi colección, hasta que un día vi un caballo balancín casi de tamaño real y me propuse llevármelo a toda costa. Mi padre no sabía con qué distraerme o hacerme olvidar el dichoso caballo, pero nada, me fui a casa con un berrinche que me duró varios días —sigo pensando que habría cabido en mi habitación perfectamente, ja, ja, ja—. Pobre hombre, la de momentos embarazosos que le hice pasar y la de discusiones con mi madre que le provoqué —como cuando me tuvo que comprar aquella bicicleta estática que valía trescientos euros—. Tengo muchísimas anécdotas con mi padre y creo que tiene razón cuando dice que no las aprecio lo suficiente, porque él no tuvo un padre que se preocupara porque recibiera su regalo de reyes o porque tuviera el material necesario para estudiar —eran otros tiempos—. Mi padre nunca nombra a mi amigo, pero cuando me ha querido recordar que está ahí y que hay cosas que no puedo hacer de la manera que me gustaría, me ha dicho que sea realista —para mí, es el consejo más acertado que un padre le puede dar a su hijo—. Mi padre ha sido de todo conmigo, médico aquellas noches en las que me daban crisis nerviosas y no sabía a qué hospital llevarme, qué medicina darme o en qué postura acomodarme para que pudiera respirar; psicólogo cada vez que entristecía por no entender que mi amigo me condicionara tanto; consejero cuando me perdía y no sabía qué decisión tomar en cada ámbito, recordando que voy de la mano de mi amigo; abogado velando por mis intereses y porque nadie pisoteara mis derechos… En fin, ha sido mi padre, ha sabido serlo.

Mi madre es diferente, una *baidaní*[3] de la cabeza a los pies, mujer de su casa, educada a la antigua usanza, cariñosa, cercana, entrañable y con mucho sentido del humor —marroquí y media, como dicen allí— pero recia,

---

3   Gentilicio de Casablanca.

seria y reservada de puertas para fuera. Conmigo siempre ha tenido una sensibilidad especial, soy su consentido y aún me gusta sentirme como un niño en sus brazos cuando apoyo la cabeza en sus hombros o que sepa lo que estoy pidiendo cuando, por vergüenza, no me atrevo a pedirlo. Como he dicho anteriormente, ella ha sido la que me ha criado siempre y como su lengua materna es el árabe, se convirtió en la lengua que más hablaba yo también en mi temprana infancia —me encanta el árabe, su melodía y su riqueza verbal son sublimes—. Recuerdo que cuando estaba en infantil, tenía que llevarme y traerme al colegio andando, cuando me cansaba me llevaba a cuestas y siempre me compraba una bolsa de chucherías del quiosco que había en la puerta del colegio. Mi madre lamentaba a mi amigo, pero nunca en mi presencia. Recuerdo a mi madre preguntándole a muchos médicos sobre mi amigo y llevándome a visitar a curanderos de España y Marruecos, sin perder nunca la esperanza en encontrar una cura. Es de esas pocas personas que se conocen en la vida con las que puedes hablar de todo, de tus intimidades, tus preocupaciones, tus alegrías, tus incertidumbres, con las que puedes ser tú. Mi madre es experta en interpretar sueños —se los cuento todos— y de ella he aprendido que no todo tiene sentido, que la vida tiene muchos momentos mágicos y que la magia no existe —si no lo explica ella, no se entiende—. A mi madre le gusta mucho la cocina y como a mí también, más de una vez, «he cocinado» con sus manos. Yo solo le voy diciendo los ingredientes y los pasos que hay que hacer, ella lo hace todo, pero es capaz de hacerme sentir responsable de que se corte la nata o no suba el bizcocho y de que yo estoy manejando la situación y eso me da una sensación de libertad tan grande que me hace incluso olvidarme de mi amigo —ya he dicho que poca gente lo consigue—. Comparar a mi madre con nadie, es todo un delito y describirla por escrito da para más de un libro —de hecho, creo que es imposible—, a mi madre hay que conocerla.

Dicen que los bebés siameses a los que separan al nacer, tienen una conexión especial para toda la vida. Pues mi hermana y yo también lo somos aunque nos llevemos cuatro años —no me apetecía salir, en la barriga se está tan bien, ja, ja—, capaces de decirnos cualquier cosa con la mirada y de pelearnos por quién se va a comer la última chuchería de la bolsa —ahora mi sobrina lo arregla pronto, ja, ja—. Desde pequeño me enseñaron a llamarla «hermana» y ya no me sale otra cosa. Es una persona muy cariñosa y en general es una buena persona, pero de las de verdad, de las que no triunfan por humildad e inocencia, porque a ella le da igual ganar o perder mientras lo esté pasando bien. De pequeños, jugábamos a las casitas y ella hacía lo imposible porque mi amigo no fuera un impedimento y por la noche me leía cuentos, siempre los mismos pero nos sentíamos como en las películas que veíamos —siempre hemos sido muy fantasiosos—. Sé que es mi hermana de verdad, por la de veces que me ha dicho y me sigue diciendo que me encontraron en un contenedor y que me adoptaron por pena —ja, ja, ja—, pero también porque es la que más se alegra cada vez consigo llegar a alguno de mis objetivos y la que sufre, casi en carne propia, cada una de mis caídas, pero sobre todo porque es la que está ahí para ayudarme a levantarme y a seguir adelante. Como ella dice: puedo estar tranquilo porque el día que mi madre falte, encontraré en ella a una segunda madre.

Mi familia es muy grande —mucho—, pero familia no es solo aquella con la que se comparte un vínculo de sangre. En mi caso, mi familia es la que me hace sentir que lo es, la que me hace ver las estrellas y la que me hace sentir como un príncipe alauita. Es aquel que se ofrece a llevarte al baño sin apenas conocerte y el que no critica que te quedes viendo la tele hasta las tres de la madrugada, sabiendo que es a él a quien le va a tocar levantarse de la cama para llevarte a acostarte. Es también ese, que aparece en tu vida para hacer de tu infancia un valle de risas y aventuras, como la de jugar al balón en el parque y darte la libertad de marcar los goles que quieras —hasta que me caí de culo y le pillé fobia al fútbol, ja, ja, me dolió mucho—. O la que recorre contigo y tu silla todo Torre del Mar, enseñándote que hay muchas maneras de ver la vida y de degustar la comida —guiño, guiño—. Y es que, familia no se es de sangre, sino de risas, de abrazos, de miradas cómplices e insultos inocentes; se es de peleas y sus respectivas reconciliaciones, de ignorar amigos y ver almas y de saber ser humano con quien lo necesita...

«Esa forma que tienes de calmar mis nervios,
de, con solo una mirada, darme aliento,
de saber protegerme y esconderme de ellos,
la manera de desatar mi constante pensamiento,
de si estar contento y tranquilo… o serio,
¡es tuya! Nadie más sabe hacerlo.
La sabiduría de hablar sin soltar ni una palabra,
de hacer tuya mi mirada, mis sentidos y hasta mi alma,
no me faltes, por favor, no te vayas, no lo hagas,
no delegues en mí, el sustento de mi calma,
te lo ruego, ¡no lo hagas! No me mates de esa forma.»

CAPÍTULO 5

Física y química

Es curioso pensar que nadie —al menos a mí— se atreve a preguntar qué soy físicamente capaz de hacer o cómo, muchas veces, se da por hecho que no puedo hacer algo. Me hace gracia. Y a mí también me ha dado siempre vergüenza que me vean andando con las piernas torcidas y los brazos agarrotados, pero voy asumiendo que me tengo que aceptar a mí mismo y que hasta que no lo haga yo, la gente tampoco lo hará.

Mi amigo, como ya he dicho, provoca en mí espasmos musculares y estados de tensión cuando le da la gana y sin avisar. Así, los nervios por algo, en mí, se manifiestan y se notan mucho más, pero esto no significa que siempre que esté temblando o con espasmos, sea porque estoy nervioso. A veces, de hecho, estoy tranquilo y lo que me pone nervioso es que me miren fijamente y me pregunten qué me pasa —me cuesta mucho explicarle esto a la gente—. Aprendo a convivir con mi amigo pero incluso a mí me cuesta mucho entenderlo y aceptarlo —es un tanto duro no saber cuándo se van a contraer todos tus músculos o te va a dar un espasmo y vas a pegar un salto—, pero escribir estas líneas me está ayudando mucho. El caso es que no tengo una visión ni buena ni mala de mi físico, estoy orgulloso de medir casi dos metros —aunque según los médicos, ser tan grande me ha hecho perder equilibrio— y cuando mi cuerpo descansa, pocas veces al día, me quedo observándolo como a un cuadro —choca mucho que, tu propio cuerpo, parezca ser el de otra persona y de repente parezca que todo es mentira—. Pero cuando está en tensión y movimiento incontrolable, me siento muy impotente e incapaz de ver nada de manera positiva. Y le tengo que dar la razón a Aristóteles, pues cuando más a gusto me siento es en el término medio, cuando mi brazo derecho tiembla pero no me impide hablar, cuando me puedo sentar a gusto y concentrarme en lo que quiero hacer, cuando siento que me controlo lo suficiente, que puedo con mi amigo... —espero que si alguien lee esto, lo último que haga sea quedarse mirándome fijamente, ¡por favor! Ja, ja... Si alguien quiere intentar relajarme, que me trate igual que a cualquier otra persona, que al final, es lo que soy.

Aunque no sea lo que muchas veces la gente espera, no soy una persona extrovertida. Me cuesta mucho empezar una conversación con un desconocido y hasta que no conozco bien a una persona, no me suelto mucho —también he de destacar que, en confianza, hablo por los codos y mis amigos se ríen mucho conmigo—. Entre que soy tímido y que tengo un «amigo» como el mío, no lo tengo fácil, pero me siento muy afortunado de haber entablado amistades que, por mucho que pase el tiempo, no desaparecen —aunque muchas veces me aburra.

Como ya he dicho, mi amigo no me da muchas treguas y es curioso el cuándo me siento yo. Es de noche, cuando todo me da igual y aunque salga mi amigo, me siento libre. A veces se relaja y disfruto de mi momento bebiendo agua descalzo y viendo la televisión o escuchando música —la música me relaja mucho y me hace desconectar—. En esos momentos, si me ve mi madre, me dice que todo es mentira y que cuando no está, salgo a bailar —ja, ja…—. Una clave para asegurarse de que estoy relajado y se puede hablar tranquilamente conmigo, es abrazarme, sonreír y hacer como que mi amigo ni existe ni ha existido nunca. Así me llegan fuerzas y energía positiva tal que puedo con mi amigo —qué sensación más bonita… poder con mi amigo—. Cuando me describo físicamente y tengo que hablar sobre el tipo de discapacidad que tengo, me cuesta bastante, pues no es un simple «voy en silla de ruedas». Tengo que explicar muchas cosas y ni me gusta ni me parece justo, pero claro, también es verdad que cuando se tiene un amigo así, se pierde mucho el derecho a la intimidad —pero bueno, ya comparto algo con los famosos, ja, ja.

Con mi amigo, me siento muy condicionado a la hora de hacer vida «normal». Me esfuerzo porque no sea así, pero no puedo decidir salir a la calle de repente, ir a tomarme algo yo solo o simplemente beber agua cuando me apetece —tengo que aprovecharme cuando tengo a alguien cerca y predecir lo que voy a necesitar cuando me quede solo—. Y también es raro que me guste quedarme solo, incongruencias de la vida. También me condiciona mucho el pudor, esto es, muchas veces quiero o necesito algo y no me atrevo a pedírselo a alguien con quien no tenga mucha confianza —¡tonto!—, supongo que debería ser más fresco y menos vergonzoso a la hora de pedir ayuda, de hecho, sé que hay gente que se alegraría de poder ayudarme. Tengo pendiente esa batalla con mi amigo, romperme a mí mismo y romper así las cadenas que me atan a depender de terceros.

El único momento en el que consigo olvidarme de todo y sentirme independiente es cuando estoy escuchando música, es mágico, pero de esto ya hablaré más adelante…

«Mi física es evidente, se puede ver de lejos,
tonto aquel que diga o piense que nadie se fija,
¿quién no ve, acaso, manos temblorosas y pies torcidos?
¿Quién no sabe que lo normal no es andar en silla?
Y mientras, por dentro, ¡ay, por dentro!
Todos lo pueden ver pero nadie lo sabe mirar,
y es que, para saber lo que se siente, no hay misterio,
son noches negras de desilusión, no poder ni hablar,
saltos inesperados, alegría reflejada en nervio,
y una mirada a la nada, que no busca consuelo.
¡No, señores! No me tratéis con compasión,
soy señor y lo comprendo, soy persona y lo mismo
  siento,

[38]

río, sufro y pienso, con el mismo corazón,
no tratéis de imaginarme en las noches con mi amigo,
amadme y abrazadme, simplemente, seguidme el
    juego.»

CAPÍTULO 6
¿Por qué lo llaman «amor»?

No sé con certeza si alguna vez habré conocido el amor de verdad o si fueron solo ilusiones lo que sentí. He perdido el sueño por alguna que otra chica, incluso recuerdo haberme carteado con una cuando solo tenía diez años. Y no eran simples cartas que contaran lo que había hecho esa semana, eran cartas llenas de sentimiento, de emoción y de ganas de recibir respuesta —me pasaba días mirando varias veces el buzón—. Pero amor, lo que es amor, creo que nunca he vivido. No sé si el problema está en que ninguna chica se ha atrevido a llevar conmigo algo más que una bonita amistad, o si más bien, es que siempre abarco más de lo que puedo y trato de llevar un ritmo demasiado rápido para mí, sin darle tiempo a cada cosa y acabo agobiándolas —será un poco de ambas cosas.

La discapacidad también es un condicionante importante a la hora de encontrar pareja —no lo vamos a negar—, echa mucho a la gente para atrás. Hay quien no concibe siquiera que con un amigo como el mío, se pueda mantener una relación sentimental. Aunque, siendo realistas, creo que lo último en lo que piensan es en el sentimiento —se han establecido unos prototipos de belleza y de capacidad de hacer disfrutar a la otra persona muy absurdos—, se ha conceptualizado ese intercambio de fluidos tan básico como sublime como la esencia de una relación. Dicho de otra manera, es el sexo lo primero en lo que piensa una persona a la hora de dar comienzo a algo con otra. Y no reniego del sexo, en absoluto, pero en una relación hay más cosas que la hacen posible: el cariño, la complicidad, la confianza, el respeto... entre otros. Que no el presumir de la forma física de tu chica —más que nada, porque no es TU chica—, ni de lo que la haces disfrutar cada noche. Y mucho menos, pensar de qué manera lo vais a poder hacer antes de siquiera haberos presentado —que a mí muchas veces me ha dado la impresión de que es así—. Sé que es imposible no pensar en ello —soy humano—, pero cada cosa llega a su hora y habría que dejar que simplemente surgiera. Puede sonar utópico, pero lo utópico lo es porque nadie se ha atrevido a hacerlo. Tampoco digo que todo el mundo sea igual, hay gente humana que se fija en otras cosas aparte del físico, pero poca.

En mi familia no me preguntan mucho por mi vida sentimental, parece que dan por hecho que ni tengo pareja ni la busco, y a decir verdad, me viene bien que no me agobien —es para matarme, lo sé, ja, ja—. Sí que tengo rachas en las que me siento solo, vacío, falto de una persona que le dé sentido a mi vida, que me levantara del sofá cuando me aburro, que se preocupara cuando no me viera sonreír, que me hiciera sentir hombre y yo igual con ella. Pero se me pasa y aunque cada vez menos, consigo animarme y pensar que cada cosa vendrá en su momento. Aun así, no me inquieto demasiado —creo que hasta para eso, soy vago, ja, ja.

Entre que en mí no se fijan y yo no soy de dar el paso, lo tengo difícil. Pero confío en que esa va a ser la clave de mi vida amorosa, que el día que encuentre pareja, será con una persona que se haya fijado más en mi interior y que haya hecho un esfuerzo por conocerme ignorando a mi amigo y aceptándome tal como soy. Será una persona de verdad. Hasta entonces, no tengo especial prisa.

Hay muchas maneras de amar en la vida. Está el amor de hijo, el primero y el que nunca hay que perder; el amor de hermano, que te da seguridad y confianza en momentos de debilidad y es el único que se pierde y se vuelve a recuperar; el amor de amigo, ese que te hace amar a una persona sin necesidad de ver a la otra persona todos los días, sin ningún interés más allá de pasarlo bien y disfrutar de cada momento compartido, y del que no te hablan en las películas; el amor de tío, el único que te obliga a sonreír quieras o no y el que no sabes describir ni tú; el amor de humano, el que te impide hacerle daño a cualquier otro ser aunque quieras, el que te obliga a ayudar al otro cuando lo necesita y el que pocos conocen; y está ese al que llaman simplemente «amor», al que nos seguimos esforzando en describir y que no es más que algo así como una fusión de los anteriores.

«Supongo suposiciones que disparan mis ideas,
de dientes en el alma, como cantan los artistas,
de lo que duele y gusta hasta en las remotas aldeas,
de lo que ni calla ni habla, de lo que no hay vistas,
supongo que es querer sin querer y odiar a la vez…
Que es llenar lo vacío, encajar las piezas del puzle,
reflejarse en los ojos de quien te quiera ver,
que es suspirar de placer y reír sin porqué,
supongo que es besar, morder y hasta arañar,
que es volar de la mano y no querer nunca parar,
como soñar despierto que vives un sueño,
y despertar y estirarte, sentirse de la vida dueño,
supongo suposiciones, supongo porque no lo sé…»

CAPÍTULO 7
Otros mundos

Mi madre nació en Casablanca, Marruecos, en la Medina Antigua. Son nueve hermanos, cinco mujeres y cuatro hombres, y vivían con mis abuelos y mi tía abuela y su marido —eran muchos, sí—. Y cuando crecieron y se independizaron, se dispersaron por los distritos de la ciudad. Algunos por Sidi Maarouf, otros en Tacharouk, en Ain Chock, en Quartier Cuba... Así que tenemos bastante jurisdicción y ya conozco casi toda Casablanca.

Cuando mi hermana y yo éramos pequeños, íbamos todos los años, sobre todo en septiembre u octubre, que era cuando mi padre tenía vacaciones y nosotros no perdíamos muchas clases. Ahora cada uno va cuando puede. Me he quejado muchas veces de tener que ir todos los años a Marruecos y no conocer más países, pero en el fondo me siento muy afortunado de haber conocido dos culturas distintas a la vez desde pequeño, me supone una manera distinta de ver la vida y de tolerar otros puntos de vista —además de degustar dos culturas gastronómicas, ja, ja.

Solemos ir en barco, por Algeciras, y el viaje hasta Casablanca es muy largo —son doce horas—, sobre todo el tramo de Tánger a Casablanca, que se hace interminable. Es una sensación muy chocante cuando cruzas la frontera y ves que en tan pocos metros, cambia absolutamente todo. Los carteles en árabe, las mujeres con chilaba y pañuelo, la gente cruzando la carretera corriendo, esos pequeños quioscos en los que venden de todo, los niños vendiendo gallinas y castañas por la carretera, los camiones cargados de corderos y los coches cargados hasta arriba de maletas y bolsos de los marroquíes que van de vacaciones a su país. Desde luego, es otro mundo. Y en Hai Nassim, nos esperaba casi toda la familia en la casa de mi tía, la que siempre ha tenido más afinidad con mi madre. Nunca les decíamos a qué hora íbamos a llegar porque nos gustaba sorprenderles tocando el claxon y cuando los niños del barrio lo oían, se acercaban corriendo a ver el coche y mi padre les daba un par de dirhams a cada uno para que nos ayudaran a subir las maletas —qué ilusión y qué alegría les daba—. Mi madre iba directa a abrazar a mis tías y a mi abuela, una escena que yo no llegué a entender del todo hasta hace poco —tiene que ser duro no poder ver a tu familia, a tu madre, cuando te gustaría.

Los reencuentros con la familia eran preciosos —y lo siguen siendo—, hacen que me olvide del cansancio del viaje e incluso, que mi amigo me dé una tregua. Pero lo que más me ha apasionado siempre de Marruecos, es la calle. La calle de la Medina antigua por la que paseaba con mi madre mientras me contaba las travesuras que hacía ella de niña o me enseñaba la fuente a la que iba a por agua cada día. En la calle se aprende el árabe de verdad, con sus insultos incluidos. Se ve la pobreza en los ojos de los mendigos y la picardía de los niños pidiendo una chocolatina y otra para «sus hermanos». Me encanta ir al *hammam* —deja la piel muy limpia— y salir con una chilaba y una toalla liada a la cabeza para no coger frío mientras te tomas un té moruno, me hace sentir un marroquí más. Cuando era pequeño, me lo pasaba en grande en el *hammam*, mi madre me llevaba con ella al de las mujeres y me metía entero en un cubo de agua caliente, desde allí me quedaba observando con los ojos muy abiertos, los cuerpos desnudos de las otras mujeres —ja, ja, ja, ¡cómo disfrutaba!—. Pronto se me acabó la excusa para ir con mi madre y me tocó entrar al de los hombres —más aburrido—. Pero también es muy divertido exfoliarte la piel con un guante de *lufa* y ver toda la suciedad que tienes en los poros —impresiona mucho—, en el *hammam* no se suelen ver personas como yo y cuando alguno va, los demás hombres se enternecen e incluso se ofrecen a lavarte. En Marruecos todavía tienen que avanzar mucho en cuanto a temas de discapacidad e inclusión, la gente sigue mirándonos con pena por la calle y pensando que estamos pidiendo limosna, lo peor es que a veces no se equivocan.

Me gustan mucho las calles de Derb Sultan —el centro de Casablanca— donde se ven los marroquíes de a pie, los de las chilabas y las chanclas azules de plástico que solo saben llevar ellos, los puestos de pasteles con la bandeja de *choubakia* chorreando miel y rodeada de abejas —a mí siempre me dan a probar de todos los pasteles, alguna ventaja tenía que tener llevar un amigo inseparable—. La juventud se sienta en cualquier rincón a tomarse un té, mientras que los más mayores prefieren las terrazas de los bares con sus sillas mirando hacia fuera —todavía no sé por qué, la idiosincrasia de cada cultura—. Me encanta Derb Sultan, hay muchas *kissarias** llenas de puestos de todas las clases y mujeres con chilaba regateando incansablemente. Antes no iba tanto, pero ahora que mi cuñado y su familia son de allí, tengo una buena excusa para ir a tomarme una *zaa-zaa* —un batido con leche, fruta, frutos secos, galletas… una pasada— y para comprar algún regalo típico de allí para mis amigos de aquí. Algún día, me gustaría comprarme una casa en Derb Sultan para las vacaciones.

Aunque, el espíritu europeo se me nota mucho a veces. Sobre todo cuando paseo por Ain Diab —la playa, el *uptown* de Casablanca— con mis gafas de sol y mi chaqueta de cuero, con la mirada perdida y sintiéndome intelectualmente superior —¡es una situación tan ridícula!—, pasando por delante de los clubs —el Atlántico tiene olas muy grandes y pocos se atreven a bañarse en el mar, así que hay muchos clubs con piscinas donde te puedes bañar más tranquilo—. Si buscas fiesta, lujos, diversión en general, Ain Diab es el mejor sitio, hay de todo. Cuando era pequeño, era donde me llevaba mi primo Nabil a comer hamburguesas o

---

* *Kissaria*: mercado típico de Marruecos en el que se venden todo tipo de productos (alimentación, textil, decoración, droguería…).

a bañarme en alguna piscina. Y también es donde mi hermana me presentó al que sería mi cuñado en unos meses, allí se veían a escondidas antes de formalizar su relación —ja, ja, me hace mucha gracia cuando lo cuento, me sentía como un príncipe alauita escapado de palacio—, será una bonita anécdota que contarle a mi sobrina cuando sea mayor.

Aunque bajamos en Casablanca, pasamos allí unos días y después vamos a hacer turismo a otras ciudades. Marruecos tiene paisajes preciosos y una pluralidad cultural enorme, un tangerino y la forma de vida que lleva no tiene nada que ver con un marrakechí o un saharaui, son diferentes en todos los sentidos. Del norte no conozco mucho más que Tánger y Asila y de pasada, recuerdo que estuvimos en la boda de un primo en Asila y nos recordó mucho a Andalucía, con la diferencia de que aquí comemos mejor. A día de hoy, mi padre sigue sorprendiéndose cuando recuerda que pusieron tres pollos diminutos para nueve hombres —eso en Marruecos no es normal—. Pero lo pasamos genial, lo norteños son un tanto más abiertos de mente y muchos hablan español, creo que por eso es la zona que más le gusta a mi padre. Hay muchos sitios que no he podido ver porque son monumentos o barrios antiguos llenos de barreras arquitectónicas, pero pocos porque en Marruecos es muy fácil alquilar un burro y que te pasee por parajes naturales —montar en burro no es muy cómodo, pero habrá que adaptarse—. Cuando fuimos a Essaouira, quedé impregnado por el encanto de la ciudad, es pequeña pero con mucha historia —era Mogador en la época romana, una ciudad muy importante— y han sabido modernizarla respetando el patrimonio histórico. Además, está rodeada de montañas y nunca hace ni frío ni calor. Y sus playas son de una arena muy fina y amarilla, es como los oasis que salen en las películas. Para llegar al centro desde el apartamento donde nos quedamos, no había que coger taxis sino coches de camellos y aunque había que coger dos, uno para nosotros y otro para la silla de ruedas, valía la pena nada más que por el viaje. Sentía que estaba en otro mundo, incluso en otra época. Essaouira me encantó, aunque se me acabó la medicina y lo pasé regular de salud. El mismo año, fuimos a Marrakech, donde hacía un calor insoportable y solo podíamos salir de noche —aunque el ambiente de la Plaza de la Fantasía con sus encantadores de serpientes y sus puestos de zumos naturales exprimidos al gusto, lo compensaban— y a El Jadida, donde mi amigo empezó a echar más de menos mi medicina y para colmo, paseando por un zoco, me cayó encima una escalera, así que no disfruté mucho de mi estancia allí. Pero bueno, son de las cosas que hacen de cada viaje un recuerdo inolvidable.

Cada vez, vamos a un sitio. El pueblo donde nació mi abuela —muy rural—, algún que otro paraje del Atlas, Ifrane —una ciudad muy bonita en el Atlas Medio— y muchos más sitios muy bonitos.

Lo he pasado muy bien en Marruecos cuando he ido y siempre he intentado que mi amigo no sea un impedimento, con la ayuda de mi familia no me ha costado mucho. Hay quien dice que no tengo rasgos árabes, quien no sospecha que sea extranjero en Marruecos cuando me oyen hablar y quien me pregunta de dónde me siento. Como yo digo, soy un moro andaluz. Me siento de donde me quieren y tampoco creo que haya que ser solo de un sitio. En nuestro último viaje a Marruecos, mi cuñado me presentó al sacerdote que le enseñó a recitar el Corán de pequeño, un sacerdote de barrio muy humilde, el caso es que cuando supo que mi cuñado se había venido a vivir a España, le dijo unas palabras muy sabias y que dan mucho que pensar: «Para que veas, que por mucho que digan, la tierra no es de nadie. Tú mismo, estabas aquí hace poco, pero te fuiste, hiciste tu vida allí y ahora esa es tu casa. La tierra no es tuya ni mía.»

No he viajado a muchos más países —aunque la pasión por viajar, siempre la tengo—, solamente Portugal y parte de Italia. He oído muchas veces eso de «qué difícil», pero ¿quién dijo que en la vida hubiera algo fácil?

El viaje a Portugal (el segundo), por ejemplo, lo hice en coche con mi padre y también vimos Córdoba y gran parte de Extremadura —más de dos mil kilómetros en cinco días—. Fue un viaje lleno de experiencias enriquecedoras, visitas culturales a monumentos históricos, gente muy agradable... pero también de barreras arquitectónicas —algunas de las cuales pudimos salvar y otras no—, miradas de todo tipo —quizá influyera un poco el hecho de llevar el pelo pintado de azul, ja, ja— y alguna que otra rotura en la silla de ruedas y tener que buscar, de repente, un taller donde me la arreglaran. ¡Me encantó este viaje!

Italia fue otra experiencia que nunca olvidaré —entre otras, porque era la primera vez que montaba en avión, ¡qué bonita sensación la de volar sin poder andar!—. Estuve en el norte y aunque no es lo más típico, me enamoró. La comida no les hizo mucha gracia a mis padres —pizza y pasta— pero porque aquí la comen mucho, en cambio a mí me encanta y nunca me harto. Los paisajes eran muy verdes —igual que en las películas de la Toscana—, la gente se portó muy bien conmigo y me dio la sensación de que allí tienen una mentalidad más abierta —solo existía mi amigo si había que abrir una puerta o salvar un escalón, o como cuando estaba bebiendo agua en un mercadillo y una mujer me ofreció un vaso y una servilleta para no mojarme bebiendo de la botella— y aunque no todo fue un camino de rosas, pues en todos lados hay de todo, por lo general me parecieron muy campechanos y modernos. Me encantó ver a mujeres mayores montando en bicicleta para ir a hacer la compra. O aquel momento en Módena, en la terraza de un bar mientras oía a una cantante callejera cantando «O Bella Ciao» mientras me tomaba un capuchino —me sentí como en una película, igual que se deben sentir los extranjeros que llenan nuestras terrazas en verano—. Me encantó lo que vi de Italia, y el tener familia allí —que me hicieron sentir como en casa—, me supuso una ventaja porque también vi rincones que no ven todos los turistas —y me descubrieron la pizza frita, ¡la pizza frita! ¡qué delicia!

A lo que voy es a que, para mí, viajar no es tan fácil como para otra gente, pero la vida en sí es un viaje, con sus baches, sus momentos de extrema felicidad y los no tan idílicos… y nadie deja de vivir por torcerse un tobillo —en mi caso, torcer un reposapiés de la silla— o por caer y verlo todo negro. Pues no pienso ser menos, voy a viajar hasta que la vida me lo permita, a aprender de cada caída y de cada situación o mirada que no me guste, voy a disfrutar de los buenísimos momentos que cada viaje me brinde y todo esto, lo voy a hacer con mi amigo al lado, precisamente para demostrarle que no puede conmigo.

«El lenguaje universal de la risa y el llanto, ese que
    no se traduce,
el que todo el mundo conoce y el que no entiende de
    leyes, colores, ni lunas o cruces,
y es que todos los corazones lo saben, que todo a ser
    humanos se reduce,
¡alauitas y borbones! Ni juntos nos podéis conquistar.
Mientras nuestras mentes, no se quieran distanciar,
    personas somos y seremos, no lo habéis de dudar,
que con babuchas y sombreros, las fronteras cruza-
    remos.
Moros y cristianos, en alcobas nos juntamos y en
    tumbas acabamos,
¡no temáis por nosotros! Somos gente, nada más…
que no entiende de lenguas, religiones y demás.»

CAPÍTULO 8
Educación Secundaria Obligatoria

Una de las etapas que ha marcado mi vida y ha forjado, en parte, mi personalidad, ha sido mi paso por el instituto. Ya tenía que empezar a defenderme por mí mismo y eso, aunque al principio me daba pánico, me vino muy bien. Las personas con discapacidad tenemos un apoyo en el centro para movernos de una clase a otra, sacar el material, ir al baño, un monitor/a. El caso es que creo que cada una de mis monitoras —no todos los años tuve la misma— junto con otras personas que también estuvieron muy presentes en el proceso, me enseñó algo diferente y dejó una lección que me vino muy bien para aprender a afrontar la vida y sus baches.

Maribel fue mi primera monitora y deseé que fuera la única —creo que eso ya dice mucho, je, je—. Era muy madre conmigo y al no haber otra persona que la necesitara, la tenía conmigo en clase todo el tiempo. Me encantaba sentirme protegido en el instituto y además también se preocupaba porque no me quedara fuera del grupo en ningún momento. Cuando había que hacer un trabajo en grupo, ella me presionaba para que colaborara —yo y mi timidez—, cuando salía al recreo, nos sentábamos cerca de alguien con quien hablar y ella se ocupaba de meterme en todas las conversaciones y de que no me aburriera —ya lo creo que se ocupaba—, en clase, incluso estaba encima de mí para que prestara atención o para que me sentara en la postura correcta —claro que, con trece años, me parecía una pesada muchas veces—. En fin, Maribel ha sido de la poca gente que ha conseguido hacerme sentir con casi las mismas confianza y seguridad que con mi madre y le agradezco que me acompañara tanto y tan bien en esa edad en la que me daba cuenta de lo que suponía mi amigo y de que tenía que aprender a hacer vida con él. En primero me pareció haber perdido muchos amigos porque, de repente, se dieron cuenta de mi amigo inseparable, pero esa es la etapa en la que hay que combatir y luchar por no convertirte en su esclavo. Como ya he dicho, la gente te ve como tú quieres que te vean y yo nunca quise —ni quiero— que me vean como «el del amigo», me ha costado mucho. Pero también me di cuenta de los que eran mis amigos de verdad y no se dejaron ahuyentar por mi amigo y de los que no lo eran.

En segundo curso, tuve a Judith, una fisioterapeuta buenísima y con la que aprendí a empezar a valerme por mí mismo. El hecho de que no fuera tan madre, me hacía obligarme a hablar yo por mí, por ejemplo, hacíamos un ejercicio con la logopeda que consistía en ir a una cafetería a desayunar y yo tenía que pedirlo todo sin intervención de nadie, apañándome para que el camarero me entendiera y me escuchara —parece muy básico, pero cuesta que te escuchen cuando vas «sentado» por la vida y que te enseñen/obliguen a hacerte oír, viene muy, MUY bien—. Y como este, muchos ejercicios más con los que Judith me enseñaba a ser independiente y consciente de lo que podía hacer. En las horas de educación física, cuando jugaban a deportes en los que yo no podía participar, iba con Judith al gimnasio, tiraba un par de colchonetas al suelo y me obligaba a bajar de mi silla para hacer ejercicios que, desde mi vagancia, me parecían imposibles —¡cuánta paciencia tenía Judith! Ja, ja…—. Me enseñó a comer solo, a bajarme y subirme de mi silla, a ponerme y quitarme el cinturón de la misma —recuerdo que un día le pregunté que de qué me servía saber quitarme el cinturón y bajarme de la silla, a lo que respondió: «¿Y si estás en un bar y entra un toro? Tendrás que saber escaparte»—. El caso es que hizo un gran trabajo, no como monitora, sino como fisioterapeuta y como persona. Me enseñó a vivir con mi amigo y, todo, con el simple pensamiento de que si quería, viviría como me diera la gana. Ya era mía la elección de esforzarme y llegar algún día a ser el único que llevara las riendas de mi vida, o acomodarme y dejar que fueran otros los que me lo hicieran todo —he intentado desde entonces, guiarme más por lo primero, pero es que me da mucha pereza. Ja, ja, es para matarme, lo sé—. Judith se tuvo que ir antes de que terminara el curso y me dio mucha pena, pero supongo que la vida es así, la gente va y viene y te tienes que quedar con lo mejor que puedas sacarle a cada momento compartido.

Pronto vino Victoria, con la que aún tengo contacto. Es la que, al principio no tanto, pero con el paso del tiempo me di cuenta de que hacía su trabajo como se lo pedían —antes de llegar Victoria, era yo el único que necesitaba monitora en el instituto y justo el año que llegó, llegaron tres más. Yo no estaba acostumbrado a pedir ayuda a los profesores porque siempre había tenido una monitora conmigo todo el tiempo y de repente, la tenía solo en el recreo y poco más—, me obligué a mí mismo a pedir ayuda a quien pudiera dármela y me vino realmente bien porque empecé a salir solo y a quitarme la vergüenza. Victoria ahora sigue en el instituto y, de vez en cuando, voy a hacerles una visita y nos ponemos a charlar de mis años en el instituto y de lo bien que lo pasé —aunque hubo de todo, me gusta recordar más lo bueno.

Tuve un equipo que me apoyó en todo el proceso —y me sigue apoyando aunque ya no estudie allí— empezando por mi familia, que no hay nada en mi vida que no les deba en parte, y terminando por Mónica y Elena, logopeda y pedagoga respectivamente, que me animaron en todo momento y estuvieron siempre a mi lado —y lo siguen estando—. Aprecio mucho a todo el que me ha apoyado en mis proyectos, me da mucha seguridad y fuerzas para combatir a mi amigo. Desde estas humildes líneas: ¡Gracias!

CAPÍTULO 9

¡Ayuda!

Hace poco iba solo por la calle y se me cayeron las gafas de sol, entonces se me acercó Pepa —una buena amiga de la familia que nos ha ayudado en más de una ocasión y siempre desinteresadamente— y sin darme ni cuenta, me las había cogido del suelo y me las estaba dando. Mucha gente no lo sabe, pero pedir ayuda en una situación tan fácil de resolver puede resultar toda una odisea, pues nunca se sabe cómo va a reaccionar la gente a lo que les vas a pedir y solo quien te conoce bien, va a entender lo que le estás pidiendo —si a eso ya le sumamos mi gran timidez…—. A decir verdad, ya he perdido mucho la vergüenza a la hora de pedir ayuda —y lo suyo me ha costado—. Aún me siento un tanto desprotegido cuando voy solo por la calle.

En el fondo, creo que la clave está en tener un poco de cara dura. Quizá, porque cuando pides algo que no es más que un derecho básico y no un capricho —recoger las gafas que se te han caído, pasar de página en una clase o abrir una puerta, lo que viene siendo sentirse a gusto—, no tienes que fijarte en cómo o quién te lo hace sino en que te lo hagan. Al menos esa es la coraza que me he hecho a mí mismo con el tiempo. Hay gente que lo da por hecho, gente que se lo toma como un acto de generosidad y gente que no entiende que le pidas algo así. Pero no se puede juzgar a nadie, basta con conseguir lo que necesitas con educación y humildad, pues cada uno es como es pero todos somos humanos. Personalmente, he conocido a gente de todo tipo, pero me gusta recordar más a algunos que a otros, me da fe en la humanidad.

María Angustias, una profesora que nunca me ha dado clase pero que siempre será mi profesora, me abrió los ojos sobre cómo adaptarse al mundo, enseñándome a pedir ayuda sin pensar en la posible respuesta que te vayan a dar —ella siempre dice que el «no» ya lo tenemos—. No sé si es por los principios que le inculcaron o por lo que ha vivido, pero María Angustias es una persona muy íntegra, muy fuerte y de no ser porque salta a la vista, nadie diría que también tiene un amigo. No hay mejor forma de hacer que ignoren a tu amigo que empezando por ti mismo y ella ha sabido hacerlo —¡*chapeau*!—. Además, Angustias es muy madre y estando con ella, uno se siente más seguro. Está disponible las veinticuatro horas y se puede hablar con ella de cualquier tema. María Angustias es verdaderamente humana.

A Rosamar le debo mi madurez mental, mi confianza en mí mismo, pero sobre todo, mi vocación: la psicología. Empecé a ir a su consulta para hacer terapia del lenguaje —qué cosa más aburrida—, pero soy demasiado cotilla como para ir a cualquier terapia sin interrogar al terapeuta, así que en cuanto supe que era psicóloga, la freí a preguntas —pobre mujer, ja, ja—. Rosamar ha sido, muchas veces, la única persona que me ha entendido, esa que te escucha cuando discutes con tus padres. Así, también ha sido a la que han culpado de meterme ideas revolucionarias y rebeldes en la cabeza —pobrecita, de verdad, ja, ja—. Me enseñó los conocimientos básicos de la psicología, su significado y cómo aplicarla a la vida cotidiana, incluso se podría decir que es la culpable de que decidiera estudiar psicología —las quejas a ella, ja, ja—. Pero lo más gracioso es que todo, lo hizo involuntariamente, nunca ha tenido una intención real de influenciarme para que pensara de una manera u otra o para que tomara el mismo camino que ella —o sí, porque Rosamar es tan sutil que nunca se sabe—. Es una persona que inspira exclusividad, es tan discreta que muchas veces he sentido que soy el único que la conoce. Y sí, es humana, lo noto cada vez que le pido que deje una puerta abierta y da por hecho que es porque no podré abrirla, o porque es una persona que se fija en almas y no en cuerpos. Además, con ella puedo hablar de cualquier cosa —y no me refiero a la confianza que tengo con ella—, nunca me hace sentir vergüenza por lo que le estoy comentando ni se extraña porque le pregunte por un tema tan remoto y lejano a ella como la manera en que debería pedir que me lleven al baño, por ejemplo. Simplemente, me responde dándome la solución. Es una persona íntegra, segura y con las ideas muy claras y creo que ha sabido enseñarme a mí también a ser así. Me atrevo incluso a decir, que es la única persona que sabe cómo y cuándo regañarme —¡ay, mi madre!, la que me va a caer—. «Cómplice», esa es la palabra con la que definiría el papel de Rosamar en mi vida.

Maribel fue mi tutora en quinto y sexto de primaria y es una de las causantes de que crea tanto en mí mismo y en mi capacidad de llegar hasta donde me proponga. Se tomó como un reto personal mi inclusión en clase. Era como mi madre en el colegio y me acuerdo de que cuando mis compañeros dejaron de invitarme a sus cumpleaños, le dio tanto coraje que un día que yo no estaba, les echó una regañina considerable. Después comprendimos que eran cosas de la edad y no una exclusión del grupo. A Maribel siempre le han molestado las injusticias —recuerdo que le apenó mucho que no pudiera ir al viaje de fin de estudios—. Y es una de esas personas verdaderamente admirable, le gusta la lectura, no ve la televisión, hace deporte, cuida su salud, le apasiona su trabajo y enseña de verdad —a mí, me enseñó a luchar por hacer que mi potencial no pase nunca desapercibido—. Tengo su número de teléfono y hablamos de vez en cuando, sigue igual de preocupada porque estudie que en la época en que me daba clase —lo sé—. Ha sido de las mejores maestras que he tenido y eso la honra mucho, ha sabido enseñarme.

Hablando más en profundidad, la ayuda que más me cuesta pedir es la más básica. He pasado muchas horas sin comer por vergüenza a pedir ayuda o por miedo a la reacción de la gente —parece una tontería, pero es que hay gente muy rara y son situaciones muy embarazosas y de impotencia—. Aunque he de decir que también es mi timidez la que me condiciona mucho, de no ser tan tímido, quizá tendría más soltura y «sinvergüencería» para pedir las cosas. Y si me da vergüenza para pedir que me den de comer, para que me lleven al baño… —supongo que aún no he asumido que no tengo la misma intimidad que cualquier otra persona—. Así, todavía no estoy preparado para vivir con cuidadores. Es la asignatura que me queda para poder ser independiente algún día —qué bien suena, «independiente»—. Aun así, no estoy descontento con el estilo de vida que llevo, no puedo negar que al igual que toda persona, quiera conocerme y crearme a mí mismo como tal, pero no estoy ansioso por independizarme —ya vendrá el día en que tenga que enfrentarme solo a los problemas, hasta entonces quiero seguir siendo el consentido de la casa, ja, ja—, no me quiero obligar a madurar antes de tiempo, no es natural —bastante me ha obligado ya mi amigo.

Con todo el condicionamiento físico que me crea, no me llevo mal con mi amigo. Me da mucha rabia cuando tengo muchas ganas de hablar con una persona y él me impide vocalizar o cuando estoy feliz y esa felicidad se refleja en espasmos y una mano derecha que va por su cuenta, pero no me amargo por ello, la vida es una sola y a cada uno le toca vivirla de una manera. La clave está en recordar que todos somos humanos y todos acabaremos igual —disfrutemos más del camino y de las cosas preciosas que nos pasan en él que de cómo lo atravesamos, si de rodillas o de pie.

«Gracias, por las sonrisas devueltas y por las manos
    abiertas,
impulso en esta carrera sin fin y la fuerza en cada
    meta,
vuestra ayuda para entender el mundo que me rodea,
vuestros consejos para aprender y despejar mis ideas.
¡No me dejéis nunca! No dejéis de protegerme...
Gracias a quien acarició mi espalda en invierno,
a quien me protege de mi amigo a base de abrazos,
y al que me hace ver la vida como algo tierno,
que nos una la vida y que sea por muchos años,
que no haya cuesta en Salobreña que no pueda subir,
que me quede siempre el ánimo en el que me sumís,
por todos los libros que me enseñasteis a leer,
por todas las vallas que me ayudáis a romper,
por todo y porque sea mucho más: GRACIAS.»

CAPÍTULO 10
Fairuz

Con tantas situaciones de impotencia y de preguntarme por qué me tuvo que pasar esto a mí, esta secuencia interminable de caídas y la sorpresa de que no solo no tienes fuerzas para levantarte sino que tampoco sabes cómo hacerlo. Todo ello, hace que necesites una vía de escape, una manera de evadirte de la realidad, de sentirte trasladado a otro mundo, ese donde puedas ser quien quieras. Y ese es el papel de la música y la lectura en mi vida —no quiero parecer un sabelotodo con tanto «filosofeo», pero es la manera que tengo de explicarlo.

La lectura te transporta a sitios que puede que nunca visites, te hace sentir emociones que nunca antes has sentido y enriquece tu alma. Y yo espero estar a la altura. De momento, le dedico un capítulo. Cuando estoy leyendo, me puedo trasladar al mundo en el que se da la historia que leo, dejo de pensar en cualquier otra cosa y me olvido de toda preocupación, pero lo más importante es que mi amigo no existe en mi cabeza durante la lectura —es impresionante, cómo incluso los espasmos, desaparecen—. El primer libro que leí —que recuerde—, fue *Beltrán el erizo* y me enamoré de esa forma de arte tan capaz de introducirme en la historia, dándome la libertad de imaginármela como quiera y hacerme desconectar del mundo por completo —ojalá sea capaz de hacerlo yo algún día—. Además, los libros me han dado la libertad de conocerme a mí mismo que mi amigo siempre me ha quitado. Descubrí mi sensibilidad como persona con *Cometas en el cielo*, mi desprecio hacia el irracionalismo del ser humano con *El niño con el pijama de rayas* y mi camino y objetivo en la vida con otro, cuyo nombre no voy a decir —ha sido como mi libro de instrucciones.

Siempre que paso por delante de un puesto de libros o el escaparate de una librería, tengo que fijarme en lo que tienen y muchas veces no puedo evitar comprar algún libro —a menudo me regañan en casa por no terminar un libro cuando ya he comprado tres más—. Soy de los que cree que los mejores libros son los que por más manos pasan, pero no suelo sacar libros de la biblioteca porque me gusta tomarme mi tiempo con cada uno y los plazos de la biblioteca me resultan cortos para mi ritmo de lectura. Rosamar, ha sido más de una vez, mi bibliotecaria personal, me deja cotillear sus estanterías y elegir el que más me guste —pobre, solo ella sabe lo que puedo tardar en devolver un libro, ja, ja— y como tiene un poco de todo y lo va renovando, siempre encuentro alguno. Así, que se quiten todas las bibliotecas y sus plazos. Llevo un par de meses sin leer mucho, pero no por falta de ganas sino por otras distracciones y nadie se imagina la necesidad que siento de empezar alguna novela que me enganche al máximo —me gusta el *thriller* y el drama, sobre todo.

La ciencia avanza a pasos agigantados y a menudo, parece que absolutamente todo en la vida es calculable y tiene una explicación científica, pero hay hechos que no alcanza, esos en los que se da la magia, la MÚSICA —qué palabra más bonita—. Hay quien pensará que es cosa de locos, pero la música es la mejor forma de introspección, a mí me ayuda a saber qué estoy sintiendo en cada momento y me hace sacar y reforzar mis sentimientos —cada canción tiene su momento anímico y se entiende mejor si la escuchas según lo que sientas—. Cuando estoy escuchando una canción, concentrado, me imagino que la estoy cantando en un escenario y gesticulo con toda la cara —a veces, el cuerpo entero— y me olvido de todo lo que me rodea, de todo, incluso de mi amigo. Contándolo, me parece una situación ridícula, pero disfruto muchísimo de esos momentos tan emotivos y profundos que me regala la música, mi imaginación es infinita, mi amigo no está en esos momentos y no hay ciencia que haya conseguido hacerme sentir así, por lo que es esencial para mi vida —es una de mis vías de escape de tanta barrera—. Claro que, hay diferentes artistas que me han desvelado una parte distinta de mí y que me han enseñado el significado de cada sentimiento y cómo vivirlo.

A Barei, por ejemplo, la descubrí con su tema «Say yay», que nada más oírlo, me llenó de energía y ganas de seguir adelante, así como a no parar nunca, persiguiendo mis sueños sin que estos me quiten el sueño[4] —es por eso que soy tan cansino con ella en las redes sociales, ja, ja, lo siento—. Barei es más que una cantante, es un alma salvaje que nadie puede parar. Es todo un estilo, el modelo de mujer feminista e intelectualmente avanzada que tanto se necesita en nuestra sociedad y es capaz de transmitir y hacer sentir lo que siente —poca gente es capaz de esto último—. Además, he tenido la oportunidad de colaborar en la letra de una de sus canciones y eso me ha hecho sentir que estaba dedicándome al mundo de la música —¡cuánta ilusión me hizo!—. Desde estas líneas, le doy las gracias a Barei por hacerme pasar momentos tan buenos sin siquiera conocerme, por descubrirme el estilo de música que más va conmigo, el estilo «B-Fighter», y la animo a no cambiar nunca. Desde aquí le digo: puede que no seas mundialmente conocida, pero eres infinitamente amada y admirada, con razón, por los que te conocemos y eso significa que lo haces MUY BIEN. Gracias por enseñarme a decir «Say Yay!».

Aprecio enormemente que alguien me haga sentir capaz de hacer algo que no puedo —como cuando cocino con las manos de mi madre—, pues así me siento con Shakira. Creo que la enorme atracción que siento

---

4 Frase de Bárbara Reyzábal (Barei): «Lucha por tus sueños, pero que tus sueños no te quiten el sueño», o algo así.

hacia el «mundo Shakira» es por su manera tan humana de hacer cada cosa —o así lo percibo, porque no la conozco—, lo hace todo con una campechanería y una actitud que te transmite ese mensaje de «me da igual todo, hago lo que me gusta», que me hace pensar si no me pongo yo mis propios límites y soy mi propio obstáculo en muchas ocasiones —creo que sí—. Creo que Shakira es una persona universal —se hace querer allá donde va, incluso para los que solo vemos su faceta artística— y a mí me ha regalado muchos momentos de baile y fiesta en los que me he sentido completamente libre. Quizá la admire tanto por tener la actitud que a mí me falta, esa de romperte a ti mismo, de echarle ganas a la vida y no permitir que ningún amigo te ponga límites que no tienes. Yo soy más fóbico, he llegado a no ir a un sitio por no tener quien me abra una puerta —¡con lo fácil que es pedirlo! Me cabreo conmigo mismo cuando lo pienso, de verdad—, me encantaría algún día, tener esa soltura de poder desnudarme ante el mundo sin miedo, de expresar lo que quiero hacer y de tener mi propia marca. Aun así, sí que hay algo que comparto con Shakira, el carácter. No me atrevo a pedir que me den de comer, por ejemplo, pero como lo que quiero, cuando quiero y no ha nacido persona capaz de obligarme a hacer otra cosa —es así, bastante poco puedo hacer ya como para tampoco poder decidir qué hacer con mi vida—. Shakira inspira humanidad y ya es una filosofía de vida mucho más sana y enriquecedora que otras.

Y un día, que me apetecía escuchar música árabe clásica, le pregunté a mi madre por algún artista y me nombró a Fairuz. Le pregunté que quién era y me respondió con una sonrisa y una mirada a ninguna parte —de esas que salen cuando piensas en alguien tan grande como indescriptible—. Busqué en Internet sobre ella, me enamoró su coraje y su fuerza de voluntad —gracias a ella, en parte, la paz volvió a Líbano— y me identifiqué mucho con ella y la manera en que se muestra. Fairuz no necesita largos discursos ni frases innovadoras, con dos palabras es capaz de lanzar un mensaje internacional de gran importancia y ya acompañada de una melodía... ¡Eso sí que es arte! No es muy conocida en Occidente, pero tampoco hace falta saber árabe ni que te guste la música demasiado para entender sus mensajes y su voz. Es muy versátil y ha cantado muchos estilos —desde jazz hasta villancicos— y casi todas las temáticas, así que a cualquier persona le vendría más que bien escuchar alguna de sus canciones. Yo estuve seis meses sin escuchar otra cosa e incluso me dieron ganas de conocer Líbano —algún día, ¿por qué no?—. «La Vecina de la Luna [5]» me apoya cuando estoy triste y rompe mi soledad y aburrimiento los domingos de lluvia. Con su voz he sentido cosas que nunca he vivido, me he levantado cuando he caído y ha hecho a mi amigo separarse de mí

---

[5] Uno de los apodos de Fairuz, también se dice que es una Leyenda Viviente, Embajadora de los Árabes y La Voz de los Ángeles.

durante unos momentos —¡muchísimas gracias!—. Y sí, aunque no la conozca, sé que es una persona humana y sencilla, nadie como ella —¡viva Nouhad Haddad!

Parecerá presuntuoso —¿a quién le interesan mis gustos musicales y literarios?—, pero sentía la necesidad de dedicar un capítulo a hablar sobre esto. No soy artista, pero siento el arte como parte de mí y de mi forma de ser y de actuar, que al fin de cuentas, es lo que quiero dar a conocer con este libro.

«Sentir que se vuela sin alas ni miedos,
imaginarse en otro mundo, de esos paralelos,
bailar hasta la noche y amar sin prisas ni celos.
¡Escuchar tu voz! Dulce y poderosa sensación...
Como beso de miel, que alimenta sin tragar,
como brazos invisibles, que abrazan sin tocar,
y las piernas de atleta, que solo tú haces funcionar,
no dejes nunca esa pasión, de hacerte sentir,
que no se vayan las musas, las que te hagan vivir,
y que grites muchas veces, muchas más de mil,
que caíste sin luz y nos encontraste diciéndote: SAY
 YAY!».

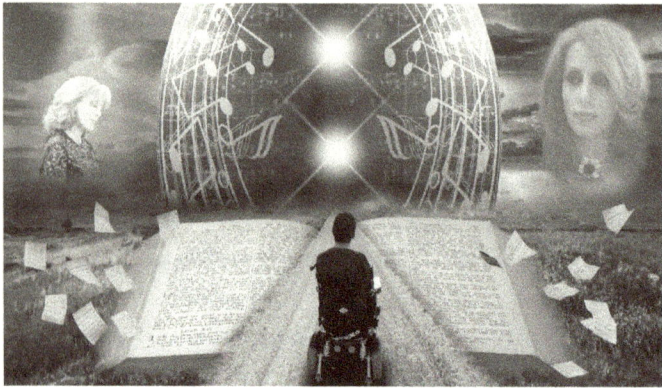

CAPÍTULO 11

Universidad y otras locuras

Últimamente, siento que estoy en una etapa de mi vida en la que no acabo de encontrarme. Creo que estoy en edad de volar, conocer mundo y sentir nuevas emociones —de conocerme a mí mismo—, el problema es que no tengo alas, o quizá que mis alas no den para el peso de mi amigo. No es que no crezca como persona, sino que lo hago más despacio.

Por ejemplo, mis compañeros de promoción, están casi todos estudiando y/o trabajando en otra ciudad, independientes o casi. Yo en cambio, no puedo permitírmelo, mi movilidad es muy reducida y necesito ayuda para todo.

Aun así, lo intenté hacer a mi manera, me fui de alquiler con mis padres a Granada a comenzar mis estudios de psicología —dura experiencia—. Nos costó encontrar un alquiler económico, pues cuando dices que eres estudiante, mucha gente no quiere alquilarte su casa y cuando explicaba mi situación —no sé por qué—, me pedían precios muy altos. Supongo que más de uno pensará que por tener una discapacidad, el Estado te pone una pensión millonaria —ilusos—. El caso es que encontramos un piso asequible, me quedaba a cero a fin de mes, y accesible para mí, cosa que tampoco es fácil. Comencé a estudiar psicología en la Universidad de Granada con mucha ilusión y muchísimas ganas de aprender y de conocer a gente nueva y así fue, no lo voy a negar. Aprendí muchas cosas de psicología, que me encanta, aprendí a estudiar de una manera diferente —más independiente— y conocí a gente que pensaba que solo existía en las películas, gente humana y que nunca vio a mi amigo como un impedimento para acercarse a mí o para que estuviera en igualdad de oportunidades con mis compañeros. De verdad, tuve compañeros que me ayudaron mucho y que fueron un gran apoyo y también profesores que se volcaron al cien por cien para que pudiera disfrutar de mi paso por la universidad —como Luisma, que me dio uno de los mejores consejos que me han dado en mi vida: «pase lo que pase, no pierdas la sonrisa».

Semanas antes de que empezaran los exámenes finales de junio, decidí dejar los estudios. Me sentía muy agobiado y presionado por mí mismo, sentía que había arrastrado a mis padres conmigo a otra ciudad cuando no tenían obligación de acompañarme, sentía que tenía que aprobarlo todo sí o sí porque estaba pagando un alquiler que no podía permitirme aun siendo de los más baratos…, tenía un cúmulo de presión y mala conciencia, que ni me dejaba disfrutar de mi estancia en Granada ni estudiar y sacarme la carrera a gusto. En fin, creo que lo que decidí no fue tan raro, cuando uno no está a gusto en un sitio, lo natural es irse cuanto antes. Menos mal que no fue así, uno de mis profesores —Luisma— vio que, en realidad, yo no quería dejar los estudios sino que estaba pidiendo ayuda inconscientemente, me animó a presentarme al menos a los exámenes de junio y a buscar una solución alternativa para el curso siguiente y así lo hice. Luisma se desplazó hasta mi pueblo para impartirme lo que me quedaba por dar de su asignatura y estuvo muy pendiente de que siguiera el curso siguiente.

Pasé un verano un tanto nervioso, no sabía qué iba a pasar conmigo en septiembre. La universidad me ofreció varias alternativas pero ninguna se terminaba de adaptar a mi situación y lo único que pudieron hacer fue intervenir para que se me concediera una beca y con ella, costearme un alquiler. Mis padres me mostraron su apoyo y me dijeron que no me preocupara por ellos, que estarían contentos siempre que yo lo estuviera también. Lo malo fue que la beca no me llegó hasta febrero y solo pude cursar el segundo cuatrimestre. Además, no tenía la seguridad de que fuera a continuar el curso siguiente, así que estaba más motivado a salir y disfrutar de Granada con mi familia y a ver a mis amigos y disfrutar de su compañía que a estudiar —como podréis suponer, las notas de los exámenes no fueron precisamente buenas—. Tuve a Luisma y a María Angustias siempre animándome y ayudándome a encontrar soluciones de cara al curso siguiente, pero no pudo ser, no me podía permitir un alquiler y tampoco una residencia, por lo que en septiembre no volví a Granada. Comencé a estudiar a distancia —cosa que me he dado cuenta de que no me gusta nada— e intenté empezar de cero llevando otro modo de vida. No perdí el contacto con mis compañeros de la facultad ni con Luisma —con María Angustias no es que no haya perdido el contacto, sino que ya es parte de la familia, una muy buena amiga— pero sí que cambié el chip y empecé a buscar otras maneras de formarme y otros caminos para realizarme como persona. Me matriculé en teatro, cosa que siempre me había atraído, me apunté a inglés, que creo que es algo que siempre me va a venir bien y en definitiva, tuve que asumir que no siempre se vive como se quiere y que el día que pueda, volveré a Granada, pero no me voy a amargar pensando en ello —aunque siendo sinceros, en el fondo, me cuesta no hacerlo.

CAPÍTULO 12

Así sería…

En casa, es muy común escuchar a mis padres o a mi hermana decir «si pudieras, serías…» y mil cosas —a veces buenas y otras no tanto, ja, ja—. Y la verdad es que, casi siempre que me lo dicen, me paro a pensar en cómo sería cada aspecto de mi vida de no tener a mi amigo inseparable, aunque no creo que fuera muy diferente a como soy. Puede que más práctico —hay cosas muy tontas que comete mucha gente día a día. Por ejemplo, veo que muchas veces hay gente que está en una punta del salón, deja el móvil ahí y va a sentarse a la otra punta del salón, ¡si te vas a tener que levantar a cogerlo!—. En lo físico, me veo como una persona más práctica, pues supongo que de tanto observar a los demás, me parece muy fácil vivir sin un amigo que te haga moverte sin que tú quieras o que te impida hacerlo como te gustaría —también es verdad que todo se ve más fácil desde el burladero—. De pequeño andaba y podía hacer más cosas que ahora, por eso pienso que no me equivoco cuando digo que haría mejor las cosas, cocinaría mejor, limpiaría mejor, me vestiría con menos torpeza, etc… A veces, me pone triste pensar que fui capaz, que pude andar y sentirme autónomo y que se me cortaron las alas. Para mí fue —y es— el peor de los castigos que puede sufrir una persona, quedarse con la miel en los labios. Y no puedo evitar desear volver a tener alas o que mi amigo no me condicione tanto —puede que sea una quimera, pero no pierdo la esperanza en que llegue el día en el que inventen una terapia o un implante que corrija las distonías de mi amigo.

Según mi padre, de no ser por mi amigo y por haber conocido a Rosamar, no estudiaría psicología. A decir verdad, siempre he sentido una motivación intrínseca en ayudar desinteresadamente y busco la manera de hacerlo dentro de mis posibilidades, la que veo que se adapta a mis necesidades y puedo llevar a cabo. Aunque no le quito razón a mi padre, creo que sería una persona muy pragmática y que estaría estudiando una carrera con la que involucrarme más físicamente en el trabajo —puede que enfermería y haciendo algún voluntariado en un país del tercer mundo o también me atrae mucho la cocina—. Incluso, puede que ni siquiera estuviera estudiando una carrera, que estuviera jugándome la vida haciendo ayuda humanitaria en alguno de los tantos sitios donde la necesitan. No sé con exactitud lo que estaría estudiando o si estaría o no estudiando, pero sí que estoy seguro de que no me gusta ver a la gente sufrir en situaciones de impotencia y quedarme quieto o callado, puede que sea porque lo he vivido en mis propias carnes y sé lo que es, así que no me gusta que alguien pase por eso.

También me gusta el movimiento, es decir, ir de un sitio a otro sin parar de vivir nuevas experiencias y de descubrirme como persona, parecido a la vida que llevan los actores o los cantantes —creo que por eso me atrae tanto el arte—. A menudo, cuando estoy solo, me gusta imaginarme sin mi amigo, viajando mucho, con ropas anchas y cómodas y ligero de equipaje, recorriendo mundo y haciendo amigos —alguna que otra amante— en cada ciudad por la que paso. O viviendo solo en alguna gran capital, donde se hable un idioma extranjero, amasándome mi propio pan, haciéndome un té negro cada mañana y cogiendo autobuses o taxis para llegar al trabajo —¿seré la única persona cuya vida ideal sea trabajando? Ja, ja— que esa es otra, no me imagino trabajando de cualquier cosa, más bien de director de una oficina o de médico sin fronteras… En fin, todo lo que no puedo ser, al menos como me gustaría —pero bueno, imaginar es gratis y ahí no tienen por qué haber amigos.

De no tener a mi amigo, correría el peligro de no tener ciertas características que este me ha hecho tener. Pues sonará contraproducente, pero me alegro de tenerlo, me ha supuesto una manera de ver la vida totalmente distinta y también de vivirla. Puede que hubiera tardado más en caer y aprender de cada tropiezo, que no viera más allá de lo físico y no me fijara en la magia interior de cada persona así como a valorar el esfuerzo que supone el simple hecho de levantarse de la cama cada mañana y también puede que fuera más materialista y valorara más un fajo de dinero o unas zapatillas de doscientos euros que una sonrisa o la sensación de haber logrado algo que me ha costado mucho trabajo, puede que fuera más a lo fácil. Pero me gusta pensar que sería el mismo niño —porque sigo siendo un niño para muchas cosas— risueño y comprometido con la sociedad, una persona que no pasaría desapercibida y que nunca se conformaría, un humano más intentando cumplir como tal —vaya, yo pero de pie—. Y me hace mucha ilusión pensar que la gente me imagina con la misma esencia y que no ven en mi amigo un factor importante que me determine como persona, sino que lo ven como una circunstancia que me ha hecho ser más rico en pensamiento y más inconformista. Y bueno, también es que rodeado de la gente de la que estoy rodeado, es difícil no sentirse rico y querido —mi familia y mis amigos me llenan de amor y sabiduría y sé que me seguirían llenando si no tuviera a mi amigo.

En definitiva, creo que lo llamo «amigo» por el gran bien que me ha hecho, permitiéndome conocer a gente maravillosa que me aterraría no haber conocido y gente que me ha mostrado una parte de la vida que da ganas de vivir, algunos de los cuales he nombrado ya. Y todo lo que me falta por vivir, tampoco sería igual de enriquecedor si no tuviera a mi amigo —por lo que, aunque no te deseo a nadie, ¡gracias, amigo!

«Quizá un cosmopolita, desde luego, un viajero em-
    pedernido,
quizá un niño, con cara de hombre en mil batallas
    curtido,
quizá un verdadero amante del arte, del amor y de
    la vida,
puede que ningún estudiante, o uno muy perseguido,
puede que otra persona más, en este mundo, por el
    viento movida…
Puede que fuera muchas cosas, quizá ninguna de estas,
quizá con otro cuerpo, otra mirada y otras metas
    puestas,
todas esas son dudas, mas una sola es segura y cierta,
que soy persona y sería, como todas, por el viento
    movida…

CAPÍTULO 13
... y así lo he contado

He vivido amarguras insufribles para algunos, momentos felices en los que me he sentido imperturbable pero sobre todo, he vivido. Creo sinceramente, que no he tenido una vida ni mejor ni peor que la de nadie, he tenido la vida que me ha tocado y seguiré teniendo la que me toque, de la mano de mi amigo inseparable. Afrontándolo todo con una sonrisa, he intentado combatir los baches que me he ido encontrando. Nadie deja de vivir por tener que abrir los ojos cada día, así que no voy a hacerlo yo tampoco, por muchos amigos que tenga —habrá que levantarse—. Todo podría haber sido de otra manera, me podría haber ceñido a ver el mundo desde mi ventana y a pensar «yo no puedo», pero ni me enseñaron a ver así la vida ni nací para eso. Puede que más de una vez me haya equivocado, pero todo lo que he querido hasta ahora ha sido vivir. Ni bien ni mal, ni mejor ni peor que nadie, ni por debajo ni por encima de nadie, sencillamente vivir. Vivir amando como hijo, como hermano, como amigo y como persona que soy. Vivir saliendo a la calle con la seguridad que me merezco como persona y pensando con la madurez que me correspondiera en cada etapa. Vivir sintiendo las emociones que experimentan todos los humanos —que al final es lo que soy—, y aprendiendo de cada error que he cometido, a levantarme cada vez que tropiezo y a levantar conmigo a mi amigo. Sí, salta a la vista que no soy lo más corriente, pero ¿qué o quién lo es? Puede que para el que esté leyendo estas líneas, lo más «normal», sea levantarse cada mañana de la cama por su propio pie, mientras que para mí lo es que me levanten. Por eso, siempre hay que recordar que todos somos diferentes, cada uno tiene una vida distinta, pero somos la misma especie y venimos y vamos al mismo sitio. Hagamos del camino de los demás, uno más fácil si podemos, de lo contrario, apartémonos. Dejemos que nuestros seres queridos se equivoquen si así lo desean y estemos disponibles para ayudarles cuando lo necesiten, al final, es lo que todos deseamos. Aceptemos a quien nos acepta, solo por aceptarnos se lo merece, a quien no, deseémosle lo mejor y que sea feliz con su vida, así estaremos aportando la parte que nos toca a cada persona. Sintámonos iguales sabiendo que no lo somos —el buen uso de la hipocresía.

Así ha sido y así lo he contado. Después de tantísimos años pidiéndomelo, me siento muy orgulloso de cumplir el sueño de mi padre a través de mí. En estas líneas, me describo y me descubro como persona, desnudando mi alma al público con el único propósito de sentir que he puesto mi granito de arena en esta gran montaña. Un gran hombre dijo un día, que todo hombre debía hacer tres cosas en su vida: plantar un árbol, tener un hijo y escribir un libro; pues bien, ya he cumplido con dos.

Perdonad si he parecido presuntuoso, mi única intención ha sido compartir con todo el mundo mi paso por esta aventura llamada vida y el cómo la vivo. Sé que me queda mucho por vivir y por sentir, pero creo que mi forma de ver y sentir las cosas dista mucho de la de los demás y puede resultar interesante. Dejando a un lado a mi amigo, pienso de una manera que considero digna de compartir y me han asegurado que así es.

He puesto muchísimo cariño en este proyecto y mucha ilusión —ojalá os llegue la mitad—. He sentido mucho apoyo en todo momento, una seña más de que tome la decisión que tome, nunca estaré solo. Y me he recordado a mí mismo quién y cómo soy.

Me propuse llevar a cabo este libro y así ha sido, como de costumbre, consigo lo que me propongo —y espero que siempre sea así—. Pues, risueño, apasionado de la vida, sinvergüenza, alocado, perfeccionista, raro, iluso, seguro y miedica a la vez, soñador —qué palabra más bonita— … se me puede llamar muchas cosas, pero nunca derrotista.

Este soy yo, este sería, así lo he contado… y así espero seguir contándolo.

MI AMIGO INSEPARABLE,
de E. Ismail Fernández Labouiry,
se acabó de imprimir
el día 28 de febrero de 2019,
en los talleres de
Quares